Cinéphile
Etude de films en français élémentaire

Les Triplettes de Belleville
Un film de Sylvain Chomet

Kerri Conditto

Focus Publishing

Cinéphile
Etude de films en français élémentaire

Les Triplettes de Belleville
Un film de Sylvain Chomet

Kerri Conditto
Tufts University

Focus Publishing, Newburyport, Massachusetts

Copyright 2005 Kerri Conditto

ISBN 13: 978-1-58510-206-8
ISBN 10: 1-58510-206-7

11 10 9 8 7 6 5 4 3

This book is published by Focus Publishing / R. Pullins Company, PO Box 369, Newburyport MA 01950. All rights are reserved. No part of this publication may be produced, stored in a retrieval system, produced on stage or otherwise performed, transmitted by any means, electronic, mechanical, by photocopying, recording, or by any other media or means without the prior written permission of the publisher.

If you have received this material as an examination copy free of charge, Focus Publishing/R. Pullins Company retains the title to the material and it may not be resold. Resale of any examination copies of Focus Publishing/R. Pullins Company materials is strictly prohibited.

0611W

Sommaire

Volet 1 - Introduction

Vocabulaire du cinéma	1
Fiche technique	2
Synopsis	2
Personnages	3

Volet 2 - Avant de visionner

Vocabulaire du film	5
Exercices de vocabulaire	7
Exercices de grammaire	9
Les pronoms sujets	9
Les noms et les articles	11
Les nombres et la date	14
Les couleurs	16
Les verbes réguliers en -er	17
Mise en pratique	18
Communication	20

Volet 3 - Après avoir visionné

Compréhension générale	21
Exercices de vocabulaire	23
Exercices de grammaire	25
Jeux	30
Mise en pratique	32
Communication	34
Photos	36
Lecture	40

Volet 4 - Culture

Compréhension générale	43
Mise en pratique	45
Recherches	46
Fiche d'identité	48

Lexiques

Vocabulaire du cinéma : *français/anglais*	49
Vocabulaire du film : *français/anglais*	50
Vocabulaire du cinéma : *anglais/français*	53
Vocabulaire du film : *anglais/français*	54
Tableaux	57
Crédits	58

Volet 1
Introduction

Vocabulaire du cinéma

Les genres de films

un film	*a movie*	**un drame**	*a drama*
une comédie	*a comedy*	**un film d'action**	*an action film*
une comédie romantique	*a romantic comedy*	**un film d'aventures**	*an adventure film*
un documentaire	*a documentary*	**un western**	*a Western*

Les gens du cinéma

un/e acteur/trice	*an actor/an actress*	**un/e réalisateur/trice**	*a director*
un personnage	*a character*	**un rôle**	*a role*
un personnage principal	*a main character*	**un/une scénariste**	*a screenwriter*
un personnage secondaire	*a supporting character*	**une vedette**	*a star (m/f)*

Pour parler des films

la bande sonore	*sound track*	**les effets spéciaux (m)**	*special effects*
le bruitage	*sound effects*	**le film à succès**	*box office hit*
la caméra	*camera*	**l'intrigue (f)**	*plot*
la cassette vidéo	*video*	**le scénario**	*screenplay*
le costume	*costume*	**la scène**	*scene*
le décor	*background*	**le son**	*sound*
le DVD	*DVD*	**les sous-titres (m)**	*subtitles*
l'échec (m)	*flop, failure*	**tourner un film**	*to shoot a film*

Pour écrire

J'admire…	*I admire…*	**bien**	*well*
J'aime…/je n'aime pas…	*I like…/ I don't like…*	**d'abord**	*first*
J'apprécie…	*I appreciate, enjoy…*	**ensuite**	*then, next*
Je déteste…	*I hate…*	**finalement**	*finally*
Je préfère…	*I prefer…*	**mal**	*poorly, badly*
Je pense que…	*I think that…*	**puis**	*then*
à la fin	*at the end*	**quelquefois**	*sometimes*
à mon avis	*in my opinion*	**souvent**	*often*
après	*after*	**trop**	*too much*
alors	*so*	**toujours**	*always*
au début	*in the beginning*	**vraiment**	*really*

Fiche technique

Réalisation :	Sylvain Chomet
Musique originale :	Benoît Charest
Année de production :	2003
Durée :	1 h 20
Genre :	Dessin animé
Production :	Les Armateurs (Carrère Group), Production Champion, Vivi Film/France 3 Cinéma/RGP France
Date de sortie nationale :	11/06/2003

Synopsis

Paris, les années 1940 :
Un garçon orphelin et mélancolique habite avec sa grand-mère. Il adore le vélo et passe ses journées à se préparer pour le Tour de France.

Marseille, les années 1950 :
Le garçon participe au Tour de France. Il est kidnappé par la Mafia française pendant la course.

Belleville, les années 1950 :
La grand-mère cherche son petit-fils. Elle rencontre les Triplettes de Belleville. Les quatre femmes cherchent le jeune homme. L'aventure commence... !

Note : « *Les Triplettes de Belleville* » est classé « PG-13 » aux Etats-Unis.

Personnages

Personnages principaux

Les Triplettes de Belleville (Rose, Blanche, Violette)	le trio de chanteuses
Madame Souza	la grand-mère
Champion	le petit-fils
Bruno	le chien
Le chef mafieux	le patron mafieux
Les jumeaux mafieux	les kidnappeurs
Le mécanicien	le nain

Personnages secondaires

Jaques Anquetil	un coureur du Tour de France
Fred Astaire	un danseur américain
Joséphine Baker	une chanteuse américaine
Charlie Chaplin	un acteur américain
Glenn Gould	un pianiste canadien
Yvette Horner	une accordéoniste française
Django Reinhardt	un guitariste belge
Jacques Tati	un acteur/un réalisateur français
La foule française	des Marseillais
La foule américaine	des Bellevillois
Les coureurs du Tour de France	des cyclistes

Volet 2
Avant de visionner

Vocabulaire du film

Les salutations

à bientôt	*see you soon*	Comment allez-vous ?	*How are you?* formal
à demain	*see you tomorrow*	Comment vas-tu ?	*How are you?* informal
à tout à l'heure	*see you later*	Je vais bien/mal.	*I am doing well/poorly.*
au revoir	*good-bye*	Comment vous appelez-vous?	*What is your name?* formal
bonjour	*hello*		
bonsoir	*good evening*	Comment t'appelles-tu?	*What is your name?* informal
salut	*hello/good-bye* informal	Je m'appelle…	*My name is…*
Ça va?	*How are you?* informal	Je te présente…	*I present…* informal
Ça va.	*I am fine.*	Je vous présente…	*I present…* formal
		Enchanté/e	*Pleased to meet you.*

Les couleurs

blanc/blanche	*white*	orange	*orange*
bleu/e	*blue*	rouge	*red*
brun/e / marron	*brown*	roux/rousse	*red (hair)*
gris/e	*gray*	vert/e	*green*
jaune	*yellow*	violet/violette	*purple*
noir/e	*black*		

Les gens et les animaux

l'accordéoniste (m/f)	*accordionist*	le/la guitariste	*guitarist*
le/la chanteur/euse	*singer*	le/la jumeau/elle	*twin*
le chef mafieux	*Mafia boss*	les jumeaux mafieux	*Mafia twins*
le chien	*dog*	le kidnappeur	*kidnapper*
le/la conducteur/trice	*driver*	la Mafia	*Mafia*
le/la coureur/euse	*racer*	le mécanicien	*mechanic*
le/la cycliste	*cyclist*	la petite-fille	*granddaughter*
le frère	*brother*	le petit-fils	*grandson*
la grand-mère	*grandmother*	le/la pianiste	*pianist*
le grand-père	*grandfather*	la soeur	*sister*
la grenouille	*frog*	la triplette	*trio, triplet*

Les transports

le bateau	*boat*	le Tour de France	*Tour of France (bicycle race)*
le camion	*truck*	le train	*train*
la course	*race*	le tricycle	*tricycle*
l'étape (f)	*stage*	le vélo	*bicycle*
le pédalo	*paddle boat*	la voiture	*car*
le pneu	*tire*		

Cinéphile — Les Triplettes de Belleville

Les endroits

l'appartement	*apartment*	la maison	*house, home*
le cabaret	*night-club*	la montagne	*mountain*
la grande ville	*big city*	le théâtre	*theater*
le gratte-ciel	*skyscraper*	la Tour Eiffel	*Eiffel Tower*
la maison de jeu	*gambling hall*	la ville	*city*

Vêtements

un chapeau	*hat*	une jupe	*skirt*
une casquette	*cap*	des lunettes de soleil	*sunglasses*
un costume	*suit*	un maillot	*jersey*
un gilet	*vest, cardigan*	un pull	*sweater*

Noms divers

un album	*album*	une coupure de presse	*newspaper clipping*
un anniversaire	*birthday*	un journal	*newspaper*
un aspirateur	*vacuum cleaner*	une photo	*photograph*
un cadeau	*present*	un réfrigérateur	*refrigerator*
une chanson	*song*	une télévision	*television*

Emotions

l'amour (m)	*love*	la fatigue	*fatigue*
le bonheur	*happiness*	l'inquiétude (f)	*worry, concern*
la colère	*anger*	la joie	*joy*
la confusion	*confusion*	la peur	*fear*
la douleur	*pain*	la tristesse	*sadness*

Adjectifs

content/e	*content, happy*	musclé/e	*muscular*
fidèle	*faithful*	petit/e	*short*
foncé/e	*dark (color)*	réservé/e	*reserved*
grand/e	*tall*	rond/e	*round*
jeune	*young*	silencieux/euse	*quiet*
joli/e	*pretty*	solitaire	*lonely*
laid/e	*ugly*	sombre	*somber, dark*
mélancolique	*melancoly*	triste	*sad*
mince	*thin*	vieux/vieille	*old*

Verbes

aboyer	*to bark*	monter	*to climb, to go up*
aider	*to help*	participer à	*to participate in*
chanter	*to sing*	regarder	*to watch*
chasser	*to chase*	rencontrer	*to meet*
chercher	*to look for*	ressembler à	*to resemble, to look like*
donner	*to give*	rêver	*to dream*
grimper	*to climb*	s'aimer	*to like, to love each other*
jouer	*to play*	se préparer	*to prepare oneself*
kidnapper	*to kidnap*	traverser	*to cross*
libérer	*to free*	trouver	*to find*
manger	*to eat*	voyager	*to travel*

Exercices de vocabulaire

A. *Salutations.* Complétez le dialogue avec le vocabulaire qui convient.

M. Machin : _____, Madame. _____ allez-vous ?

Mme Machine : Bonjour, _____. Pas mal, merci. Et votre petit-fils ? _____ va-t-il ? _____ s'appelle-t-il ?

Marco : Je vais _____ ! Je _____ Marco.

Mme Machine : Allez, _____, Messieurs !

M. Machin : _____ Au revoir, Madame !

Pierre : _____, Francine ! _____ ?

Francine : Salut, Pierre ! Ça va _____ ! _____ s'appelle ton ami ?

L'ami : Bonjour, je _____ Frédéric.

Francine : Salut, Frédéric !

Pierre : Nous allons au cinéma. _____, Francine. _____ demain !

Francine : Salut, Pierre ! A demain !

B. *Noms.* Barrez le nom qui ne va pas.

1. un cycliste :	*une casquette*	*un maillot*	*un vélo*	*une maison*
2. une course :	*des coureurs*	*une foule*	*des chiens*	*des étapes*
3. un chanteur :	*une chanson*	*un théâtre*	*un public*	*un aspirateur*
4. des musiciens :	*un cycliste*	*un guitariste*	*un pianiste*	*un accordéoniste*
5. une grand-mère :	*un petit-fils*	*une grenouille*	*une petite-fille*	*des petits-enfants*
6. une grande ville :	*des maisons*	*des gratte-ciel*	*des montagnes*	*des appartements*
7. des transports :	*un pédalo*	*un bateau*	*un journal*	*un train*
8. des couleurs :	*orange*	*colère*	*rose*	*marron*
9. des instruments :	*un piano*	*une guitare*	*un accordéon*	*un réfrigérateur*
10. des émotions :	*le pneu*	*la peur*	*la colère*	*la joie*

Cinéphile — Les Triplettes de Belleville

C. *Gens*. Reliez les descriptions à droite avec les personnes à gauche.

_____ 1. une chanteuse A. une personne qui répare des machines
_____ 2. un conducteur B. deux frères qui se ressemblent
_____ 3. un coureur C. un grand nombre de gens
_____ 4. une foule D. une personne qui chante
_____ 5. une grand-mère E. une personne de la Mafia
_____ 6. des jumeaux F. la mère d'une mère
_____ 7. un chef mafieux G. une personne qui participe à une course
_____ 8. un mécanicien H. un groupe de trois personnes
_____ 9. un petit-fils I. une personne qui opère un véhicule
_____ 10. des triplettes J. le fils d'un fils

D. *Chronologie*. Mettez les phrases en ordre chronologique.

_____ La femme trouve le garçon avec l'aide des amis.
_____ D'abord, la femme adopte le garçon.
_____ Finalement, la femme et le garçon rentrent à la maison.
_____ Ensuite, la femme cherche le garçon.
_____ Puis, le garçon est kidnappé.

Exercices de grammaire

Les pronoms sujets

- Le pronom sujet *je* se change en *j'* devant une voyelle.

    Exemple : *Je parle mais j'écoute aussi.*

- Le pronom sujet *tu* est toujours singulier et familier (la famille, les amis, etc.).

    Exemple : *Salut **Maman** ! **Tu** vas bien ?*

- Le pronom sujet *vous* est pluriel et familier, singulier et poli ou pluriel et poli.

    Exemple : *Salut **Charles et Monique** ! **Vous** allez bien ? (pluriel et familier)*
    *Bonjour, **Madame** ! **Vous** allez bien ? (singulier et poli)*

- Le pronom sujet *il* remplace un nom (une personne ou une chose) masculin.

    Exemple : ***Le garçon** aime le vélo. **Il** aime le vélo.*
    ***Le vélo** est bleu. **Il** est bleu.*

- Le pronom sujet *elle* remplace un nom (une personne ou une chose) féminin.

    Exemple : ***La fille** aime la musique. **Elle** aime la musique.*
    ***La musique** est française. **Elle** est française.*

- Le pronom sujet *ils* remplace un groupe de noms masculins ou un groupe de noms masculins et féminins.

    Exemple : ***Les garçons** aiment le vélo. **Ils** aiment le vélo.*
    ***Le garçon et la fille** aiment le vélo. **Ils** aiment le vélo.*

- Le pronom sujet *elles* remplace un groupe de noms féminins.

    Exemple : ***Les filles** aiment les chansons. **Elles** aiment les chansons.*
    ***Les chansons** sont françaises. **Elles** sont françaises.*

- Le pronom sujet *on* représente *les gens /tout le monde*. *On* peut remplacer *nous* dans le langage parlé.

    Exemple : ***Tout le monde** aime le sport. **On** aime le sport.*
    ***Nous** parlons avec le conducteur. **On** parle avec le conducteur.*

Tableau 1, Les pronoms sujets.

pronoms sujets			
singulier		pluriel	
1ère	je/j'	1ère	nous
2^e	tu	2^e	vous
3^e	il, elle, on	3^e	ils, elles

Pratiquez !

A. *Registres*. Choisissez *les pronoms sujets* qui correspondent au contexte.

1. tu vous Madame Vidal parle à Monsieur Moulin.
2. tu vous Madame Vidal parle à un garçon.
3. tu vous Un garçon parle à Madame Vidal.
4. tu vous Un garçon parle à deux filles.
5. tu vous Un garçon parle à une fille.
6. tu vous Deux filles parlent à un garçon.
7. tu vous Madame Vidal et Monsieur Moulin parlent à une fille.
8. tu vous Une fille parle à Madame Vidal et Monsieur Moulin.
9. tu vous Une petite-fille parle à sa grand-mère.
10. tu vous La grand-mère parle à sa petite-fille.

B. *Noms*. Choisissez *les pronoms sujets* qui correspondent au nom ou aux noms suivants.

1. il elle ils elles un garçon
2. il elle ils elles un garçon et une fille
3. il elle ils elles un vélo
4. il elle ils elles Madame Vidal
5. il elle ils elles des chansons
6. il elle ils elles Monsieur Moulin et un ami
7. il elle ils elles trois sœurs
8. il elle ils elles un chien
9. il elle ils elles Madame Vidal et une fille
10. il elle ils elles une photo

C. *On*. Remplacez les mots soulignés par *le pronom sujet on*. Attention aux verbes !

1. Tout le monde chante. _____
2. Les gens aiment la musique. _____
3. Nous parlons français en classe. _____
4. Les gens adorent la France ! _____
5. Nous voyageons en Amérique. _____

Les Triplettes de Belleville   Cinéphile

Les noms et les articles

Les noms - genre et nombre

- Les noms français ont un genre : *masculin ou féminin*.

  Exemple : *le garçon et la fille*

- Le genre des noms représentant des personnes ou des animaux correspond souvent au sexe des personnes ou des animaux.

  Exemple : *le garçon et le chien ; la fille et la chatte*

- Quelquefois, le genre du nom peut être identifié selon la terminaison. *Voir les tableaux 2 - 3.*

- Les noms français ont aussi un nombre : *singulier ou pluriel*.

  Exemple : *les garçons et la fille*

- Le pluriel est indiqué par un *s*. Les noms terminant en *s*, *x* ou *z* ne changent pas au pluriel.

  Exemple : *les garçons et la fille : un Anglais et trois Français*

Tableau 2, Les terminaisons masculines/féminines.

masculin	féminin	
-age	-ace	-ette
-ail	-ade	-ie
-aire	-aison	-ié
-al	-ance	-ion
-asme	-ande	-oire
-eau	-anse	-son
-ent	-ée	-té
-et	-ence	-tié
-isme	-ense	-tude
-ment	-esse	-ture

Tableau 3, Le masculin v. le féminin.

masculin	féminin
-ain	-aine
-ais	-aise
-el	-elle
-er	-ère
-eur	-euse
-ier	-ière
-ien	-ienne
-ois	-oise
-on	-onne
-teur	-trice

Tableau 4, Le pluriel de certains noms.

s	p
-al	-aux
-au	-aux
-eau	-eaux
-eu	-eux

Tableau 5, Quelques exceptions au pluriel.

	exceptions
-ail/-aux	bail, corail, travail, etc.
-al/-als	bal, carnaval, festival, etc.
-eu/-eus	pneu
-ou/-oux	bijou, caillou, chou, genou, hibou, joujou, pou
noms composés	des gratte-ciel, des grands-mères, des sous-titres, etc.

Cinéphile | Les Triplettes de Belleville

Les articles – définis et indéfinis

- L'article défini *(le, la, l', les)* introduit un nom déterminé ou un nom employé dans le sens général. Il est employé avec des verbes de préférence (aimer, adorer, préférer, etc.).

    Exemple : *Les garçons aiment le sport.*

- L'article défini *le* et *la* se contractent avec un nom qui commence par une voyelle.

    Exemple : *le ami = l'ami ; la amie = l'amie*

- L'article indéfini *(un, une, des)* introduit un nom indéterminé. Il indique la quantité *1*.

    Exemple : *Le garçon aime une (1) photo.*

- Dans une phrase négative, l'article indéfini se change en *de*.

    Exemple : *Il regarde une photo. Il ne regarde pas de livre.*

Tableau 6, L'article défini.

article défini		
	masculin	féminin
singulier	le/l'	la/l'
pluriel	les	les

Tableau 7, L'article indéfini.

article défini		
	masculin	féminin
singulier	un	une
pluriel	des	des

Pratiquez !

A. *Genre.* Ecrivez *les articles indéfinis* qui correspondent aux noms suivants.

1. _____ personnage
2. _____ acteur
3. _____ actrice
4. _____ vedette
5. _____ réalisateur
6. _____ scénariste
7. _____ effet
8. _____ bruitage
9. _____ cassette
10. _____ volet

B. *Le pluriel.* Ecrivez *les formes plurielles* des articles et des noms suivants.

1. un Français _____ _____
2. une Française _____ _____
3. la vedette _____ _____
4. l'actrice _____ _____
5. un personnage principal _____ _____
6. un sous-titre _____ _____
7. l'effet spécial _____ _____
8. une intrigue _____ _____
9. un travail _____ _____
10. l'échec _____ _____

Cinéphile — Les Triplettes de Belleville

Les nombres et la date

Les nombres

0	zéro	15	quinze	51	cinquante et un	101	cent un
1	un, une	16	seize	52	cinquante-deux	200	deux cents
2	deux	17	dix-sept	60	soixante	201	deux cent un
3	trois	18	dix-huit	61	soixante et un	1.000	mille
4	quatre	19	dix-neuf	62	soixante-deux	1.001	mille un
5	cinq	20	vingt	70	soixante-dix	1.100	mille cent
6	six	21	vingt et un	71	soixante et onze	2.000	deux mille
7	sept	22	vingt-deux	72	soixante-douze	2.001	deux mille un
8	huit	30	trente	80	quatre-vingts	100.000	cent mille
9	neuf	31	trente et un	81	quatre-vingt-un	200.000	deux cent mille
10	dix	32	trente-deux	82	quatre-vingt-deux	1.000.000	un million
11	onze	40	quarante	90	quatre-vingt-dix	2.000.000	deux millions
12	douze	41	quarante et un	91	quatre-vingt-onze	1.000.000.000	un milliard
13	treize	42	quarante-deux	92	quatre-vingt-douze	2.000.000.000	deux milliards
14	quatorze	50	cinquante	100	cent	3.000.000.000	trois milliards

- *1* a une forme masculine (*un*) et une forme féminine (*une*).
- *80* s'écrit avec un *s* quand il n'est pas suivi d'un autre nombre : *quatre-vingts* v. *quatre-vingt-un*.
- *100* s'écrit avec un *s* quand il n'est pas suivi d'un autre nombre : *cinq cents* v. *cinq cent cinquante*.
- *Mille* est invariable : *mille, deux mille, trois mille,* etc.
- *1.000.000* et *100.000.000* s'écrivent avec un *s* : *trois millions, trois milliards*.
- Quand *million* et *milliard* sont suivis d'un nom, *de/d'* introduit le nom : *un million de garçons*.
- La virgule (,) marque les décimaux (*50 ½ : 50,5*) et le point (.) ou l'espace sépare les groupes de trois chiffres (*un million : 1 000 000* ou *1.000.000*).

La date

- En français, la date s'écrit : *jour/mois/année : 17/01/2005*
- Pour demander la date, on dit : *Quelle est la date ?*
- Pour répondre, on dit : *C'est le + # + mois + année : C'est le dix-sept janvier 2005.*
- On emploie les nombres cardinaux pour exprimer la date (à part le premier jour du mois).

    Exemple : *02/01/2005 : le deux janvier 2005*
    01/01/2005 : le premier janvier 2005

- Les mois de l'année :

janvier	*février*	*mars*	*avril*	*mai*	*juin*
juillet	*août*	*septembre*	*octobre*	*novembre*	*décembre*

Pratiquez !

A. *Nombres*. Ecrivez *les nombres* suivants en lettres.

1. 1 garçon _____
2. 1 grand-mère _____
3. 2 frères _____
4. 3 sœurs _____
5. un film de 80 minutes _____
6. un voyage de 200 km _____
7. une course de 3.863 km _____
8. une foule de 15.000 personnes _____
9. une ville de 4.500.000 habitants _____
10. un pays de 61.000.000 habitants _____

B. *Dates*. Ecrivez *les dates* suivantes en lettres.

1. ma date de naissance :   jj/mm/année
   _____

2. la prise de la Bastille :   14/07/1789
   _____

3. l'indépendance des Etats-Unis :   04/07/1776
   _____

4. la réalisation de la Tour Eiffel (Gustave Eiffel):   31/03/1889
   _____

5. l'inauguration de la Statue de la Liberté (Bartholdi et Gustave Eiffel):   28/10/1886
   _____

6. le premier film (les frères Lumière) :   19/03/1895
   _____

7. le premier dessin animé (Emile Reynaud) :   28/10/1892
   _____

8. la première retransmission d'une véritable émission de radio (USA) :   02/11/1920
   _____

9. la première démonstration publique de télévision (John Logie Baird) : 26/01/1926
   _____

10. la première course de vélo (Paris) :   31/05/1868
    _____

Cinéphile   Les Triplettes de Belleville

Les couleurs

- Les couleurs s'accordent en genre et en nombre avec le nom qualifié.

    Exemple : *les fleurs violettes*

- Les couleurs *marron* et *orange* sont invariables.

    Exemple : *les yeux marron*

- Quelques couleurs :

blanc/che	jaune	orange*	roux/rousse
bleu/e	marron*	rose	vert/e
brun/e	noir/e	rouge	violet/tte
gris/e			

    couleurs invariables

Pratiquez !

A. *Genre et nombre*. Complétez.

La forme plurielle

1. bleu _____
2. verte _____
3. gris _____
4. rousse _____
5. orange _____

La forme féminine

1. violet _____
2. blanc _____
3. bleu _____
4. rouge _____
5. marron _____

B. *Couleurs*. Choisissez *les couleurs* qui décrivent les noms suivants. Attention à l'accord !

1. un ciel et des nuages _____
2. une ville et des gratte-ciel _____
3. un océan et des bateaux _____
4. une casquette et un maillot _____
5. un vélo et des voitures _____

Les verbes réguliers en -er

- Les verbes sont classés selon leur terminaison : *-er* ; *-ir* ; *-re* ; *etc*.

    Exemple : *parler, finir, apprendre, etc.*

- Les verbes en *-er* suivent une conjugaison régulière. On laisse tomber la terminaison infinitive *-er* et ajoute les terminaisons *-e, -es, -e, -ons, -ez, -ent*.

    Exemple : ils / invit**er** → **invit- + ent** → ils **invitent**

- Les verbes en *-ger* sont conjugués avec un *e* à la première personne du pluriel.

    Exemple : *Tu manges et nous mangeons.*

Tableau 8, Les terminaisons des verbes en -er.

terminaisons des verbes en -er			
je/j'	-e	nous	-ons
tu	-es	vous	-ez
il, elle, on	-e	ils, elles	-ent

Tableau 9, La conjugaison du verbe chanter.

chanter			
je/j'	chante	nous	chantons
tu	chantes	vous	chantez
il, elle, on	chante	ils, elles	chantent

Pratiquez !

A. **Pluriel.** Ecrivez le pluriel *des pronoms sujets* et *des verbes en -er* suivants.

	Singulier	*Pluriel*	
1.	je voyage	_____	_____
2.	il donne	_____	_____
3.	tu grimpes	_____	_____
4.	elle adore	_____	_____
5.	tu aimes	_____	_____

B. **Singulier.** Ecrivez le singulier *des pronoms sujets* et *des verbes en -er* suivants.

	Pluriel	*Singulier*	
1.	nous trouvons	_____	_____
2.	ils cherchent	_____	_____
3.	vous appréciez	_____	_____
4.	elles kidnappent	_____	_____
5.	nous mangeons	_____	_____

Mise en pratique

A. *Salutations.* Complétez le dialogue suivant avec *les pronoms sujets* qui conviennent.

Monsieur Mufta :	Bonjour, Madame. Comment allez-_____ ?
Madame Simon :	Bonjour, Monsieur. _____ vais bien. Et _____ ?
Monsieur Mufta :	Bien, merci. Et toi, Charles ? Comment vas-_____ ?
Charles :	Bien, merci.
Monsieur Mufta :	Et le chien ? _____ va bien aussi ?
Charles :	Oui, _____ va très très bien !
Madame Simon :	Et vos filles ? _____ vont bien ?
Monsieur Mufta :	Oui. Mais ma femme, _____, ne va pas bien.
Madame Simon :	Bon, _____ allons au cinéma. A bientôt, Monsieur.
Monsieur Mufta :	Au revoir. A bientôt !

B. *Genre et nombre.* Complétez le paragraphe suivant avec *les articles définis ou indéfinis* qui conviennent.

_____ (indéfini) garçon montre _____ (indéfini) photos d'_____ (indéfini) vélo à _____ (indéfini) fille. Elle aime _____ (défini) photos. Elle montre _____ (défini) photos à sa grand-mère. _____ (défini) grand-mère cherche _____ (indéfini) cadeaux pour _____ (défini)'anniversaire de _____ (défini) fille. _____ (défini) grand-mère décide d'acheter _____ (indéfini) tricycle pour _____ (défini) fille. Elle adore _____ (défini) tricycle et elle se prépare pour _____ (défini) Tour de France ! _____ (indéfini) jour, _____ fille (défini) va devenir _____ (indéfini) cycliste très célèbre !

C. *Dates.* Quelles dates sont importantes pour vous ? Votre anniversaire ? Le Nouvel an ? La fête nationale ? Faites une liste de dates importantes. Ecrivez *les dates* en lettres.

DATE	DATE EN LETTRES
01/01/2010	*le premier janvier deux mille dix*

Les Triplettes de Belleville — Cinéphile

D. *Couleurs*. Complétez le paragraphe suivant avec *les couleurs* qui conviennent.

---

de :   charlotte@wanadoo.fr
à: minouche@aol.fr
date : le 31 octobre
sujet : chez moi

Bonjour ! Je me présente. Je m'appelle Charlotte.

J'ai les cheveux _____, les sourcils _____, les yeux _____, les dents _____ et la bouche _____.

Je porte une chemise _____, un pantalon _____, des chaussettes _____ et des chaussures _____.

J'habite une maison _____. J'ai un vélo _____ et une voiture _____.

Chez moi, le ciel est toujours _____ et les nuages sont toujours _____. La pelouse est _____ et les fleurs sont _____. La vie est belle ! Comment ça va chez toi ? A bientôt !

Bisous, Charlotte

E. *Verbes en -er*. Utilisez *les verbes en -er* pour écrire une histoire. N'oubliez pas le titre !

Personnages :	un homme, une femme, un garçon
Lieu :	une grande ville
Epoque :	les années 1950
Verbes :	chanter, chercher, habiter, jouer, kidnapper, manger, rencontrer, rentrer, traverser, trouver, voyager

Communication

A. Rencontres. Vous rencontrez vos amis et votre professeur de français dans la rue. Recréez vos conversations et jouez les rôles avec vos partenaires. Distinguez bien entre l'emploi *des pronoms tu et vous*. Utilisez *les salutations*.

B. Genre et nombre. Regardez la liste de vocabulaire. Choisissez quinze noms. Lisez les noms sans article à votre partenaire. Il vous donne *l'article défini et la forme plurielle* qui correspondent aux noms.

C. Dates. Faites une liste d'événements historiques. Votre partenaire essaie de vous donner *la date* associée aux événements historiques.

D. Emotions. Quelles couleurs est-ce que vous associez aux émotions ? Discutez *des couleurs* associées aux émotions ci-dessous. Partagez vos choix avec vos camarades de classe.

Emotions : l'agitation, l'amour, l'angoisse, le bonheur, la colère, la confusion, le découragement, la douleur, l'emprisonnement, la fatigue, la joie, la peur, la tristesse, etc.

E. Scénario. Regardez *l'exercice E, p. 18*. Transformez votre histoire en dialogue. Présentez votre dialogue à vos camarades de classe. Utilisez *les verbes en -er*.

F. Dessins animés. Que pensez-vous des dessins animés ? Complétez le sondage et présentez les résultats à vos camarades de classe.

Dessins animés				
	oui	non	peut-être	exemple
Les dessins animés sont pour les enfants.				
Les dessins animés sont pour les adultes.				
Les dessins animés sont amusants.				
Les dessins animés sont tristes.				
Les dessins animés sont intellectuels.				
Les dessins animés ont des intrigues.				
Les dessins animés ont des aventures.				
Les dessins animés ont des stars.				
Les dessins animés ont des héros.				
Les dessins animés ont des victimes.				
Les dessins animés ont de la musique.				
J'aime les dessins animés.				
Je regarde des dessins animés.				
J'ai un dessin animé préféré.				

Volet 3
Après avoir visionné

Compréhension générale

A. Personnages. Reliez les descriptions à droite avec *les personnages* à gauche.

_____	1. Bruno	A.	le guitariste belge
_____	2. Champion	B.	l'homme qui opère une maison de jeu
_____	3. Madame Souza	C.	l'acteur américain
_____	4. les Triplettes	D.	le chanteur français
_____	5. les jumeaux mafieux	E.	le premier cycliste à gagner 5 Tours
_____	6. le chef mafieux	F.	le danseur américain
_____	7. le mécanicien	G.	le petit-fils français
_____	8. Jacques Anquetil	H.	le pianiste canadien
_____	9. Fred Astaire	I.	le trio de chanteuses
_____	10. Joséphine Baker	J.	le nain qui répare la machine
_____	11. Charlie Chaplin	K.	la grand-mère portugaise
_____	12. Glenn Gould	L.	les kidnappeurs jumeaux
_____	13. Yvette Horner	M.	la chanteuse américaine
_____	14. Django Reinhardt	N.	l'acteur/le réalisateur français
_____	15. Jacques Tati	O.	l'accordéoniste française
_____	16. Charles Trénet	P.	le chien

B. Chronologie. Mettez les phrases suivantes en ordre chronologique.

_____ Finalement, Madame Souza, Champion et Bruno rentrent en France.

_____ D'abord, Madame Souza achète un chien pour Champion.

_____ Madame Souza traverse l'océan pour chercher Champion.

_____ Puis, elle achète un tricycle pour Champion.

_____ Après, Madame Souza trouve Champion avec l'aide des Triplettes.

_____ Ensuite, Madame Souza aide Champion à se préparer pour le Tour de France.

_____ Les jumeaux mafieux kidnappent Champion.

C. Vrai ou faux ? Indiquez si les phrases suivantes sont vraies ou fausses.

1. vrai faux   Le film se passe pendant les années 1960.
2. vrai faux   Champion n'aime pas les cadeaux de sa grand-mère.
3. vrai faux   Madame Souza aide Champion à se préparer pour le Tour de France.
4. vrai faux   La Mafia française kidnappe les cyclistes pour fabriquer du vin.
5. vrai faux   Madame Souza traverse l'océan Pacifique pour chercher Champion.
6. vrai faux   Les Triplettes trouvent Madame Souza dans une rue de Belleville.
7. vrai faux   Bruno aime la soupe aux grenouilles.
8. vrai faux   Madame Souza chante et joue de la musique avec les Triplettes.
9. vrai faux   Les Triplettes aident Madame Souza et Bruno à trouver Champion.
10. vrai faux   Champion aime beaucoup Belleville et il ne rentre pas à Paris.

D. Profil. Complétez le tableau suivant.

Profil d'un film

Titre :

Genre :

Année de production :

Réalisateur :

Lieu d'action :

Epoque :

3 événements principaux :
   1.
   2.
   3.

5 mots clés :
   1.
   2.
   3.
   4.
   5.

Sommaire (une phrase) :

Anecdote :

Exercices de vocabulaire

A. **Trios.** Complétez les phrases suivantes avec les mots qui conviennent.

1. Le film se passe pendant trois époques :
   a. 1930 b. _____ c. _____

2. Le film se passe dans trois villes :
   a. Marseille b. _____ c. _____

3. Belleville est un mélange de trois villes :
   a. Montréal b. Québec c. _____

4. Il y a trois décors différents dans le film :
   a. la montagne b. la mer c. _____

5. Il y a une famille de trois personnes dans le film :
   a. Bruno b. _____ c. _____

6. Il y a un trio de chanteuses dans le film :
   a. Rose b. _____ c. _____

7. Il y a trois hommes de la Mafia française dans le film :
   a. les jumeaux mafieux b. _____

8. La Mafia française kidnappe trois coureurs du Tour de France :
   a. le coureur #2 b. le coureur #3 c. _____

9. Il y a trois véhicules à roues dans le film :
   a. un camion b. _____ c. _____

10. Il y a trois trios dans le film :
    a. une famille de trois b. _____ c. _____

B. **L'histoire !** Utilisez *le vocabulaire du film* pour compléter les phrases suivantes.

1. Les Triplettes de Belleville présente l'histoire d'_____ (nom, masculin/singulier) et d'_____ (nom, féminin/singulier) qui rencontrent _____ (nom, féminin/singulier) française et _____ (nom, masculin/singulier) de chanteuses.

2. Le garçon et sa grand-mère habitent _____ (nom, féminin/singulier) dans une grande ville. Ils ont _____ (nom, masculin/singulier) qui s'appelle Bruno. Il passe sa journée à _____ (verbe, infinitif) les escaliers pour _____ (verbe, infinitif) quand les trains passent devant la fenêtre. Comme tous les chiens, il _____ (verbe) beaucoup de nourriture et _____ (verbe) en noir et blanc !

3. _____ (nom, masculin/pluriel) kidnappent Champion. Sa grand-mère _____ (verbe) l'océan en _____ (nom, masculin/singulier) pour _____ (verbe, infinitif) Champion. Elle rencontre _____ (nom, féminin/pluriel) dans la rue.

4. Les Triplettes chantent et jouent d'_____ (nom, masculin/singulier), d'_____ (nom, masculin/singulier) et d'_____ (nom, masculin/singulier). Elles chantent dans _____ (nom, masculin/singulier) où elles rencontrent _____ (nom, masculin/singulier) qui opère _____ (nom, féminin/singulier).

5. A la fin du film, les Triplettes, Madame Souza et Bruno _____ (verbe) Champion et un autre _____ (nom, masculin/singulier) du Tour de France. Madame Souza, Champion et Bruno _____ (verbe) à Paris.

Les Triplettes de Belleville   Cinéphile

Exercices de grammaire

Les pronoms sujets

A. *Registres.* Choisissez *les pronoms sujets* qui correspondent au contexte.

1.	tu	vous	Champion parle à sa grand-mère.
2.	tu	vous	Madame Souza parle à Champion.
3.	tu	vous	Madame Souza parle au conducteur du camion.
4.	tu	vous	Madame Souza parle aux Triplettes.
5.	tu	vous	Les Triplettes parlent à Madame Souza.
6.	tu	vous	Les Triplettes parlent à Bruno.
7.	tu	vous	Le chef mafieux parle à Champion.
8.	tu	vous	Le chef mafieux parle à un jumeau mafieux.
9.	tu	vous	Un jumeau mafieux parle à son frère.
10.	tu	vous	Madame Souza parle au chef mafieux.

B. *Noms.* Choisissez *les pronoms sujets* qui correspondent au nom ou aux noms suivants.

1.	il	elle	ils	elles	la photo des parents de Champion
2.	il	elle	ils	elles	Champion
3.	il	elle	ils	elles	Madame Souza
4.	il	elle	ils	elles	Champion et Madame Souza
5.	il	elle	ils	elles	les coureurs du Tour de France
6.	il	elle	ils	elles	le camion de Madame Souza
7.	il	elle	ils	elles	les frères jumeaux
8.	il	elle	ils	elles	les Triplettes et Madame Souza
9.	il	elle	ils	elles	les chansons des Triplettes
10.	il	elle	ils	elles	la victoire de Madame Souza, des Triplettes et de Bruno

C. *On.* Remplacez les mots soulignés par *le pronom sujet on*. Attention aux verbes !

En France, **tout le monde** aime le Tour de France. **Les gens** aiment aussi le Tour de France aux Etats-Unis. Dans les villages, **la foule** regarde les coureurs du Tour de France. **Les spectateurs** regardent aussi le Tour de France à la télé. A la fin de la course, **les coureurs** gagnent des prix.

_____

_____

_____

Les articles

A. *Genre*. Déterminez si les noms suivants sont masculin ou féminin. Ecrivez *les articles définis* qui correspondent aux noms.

1. _____ famille
2. _____ jumeau
3. _____ triplette
4. _____ chanteuse
5. _____ chanson
6. _____ cycliste
7. _____ casquette
8. _____ tour
9. _____ mécanicien
10. _____ voiture

B. *Le féminin*. Ecrivez *les formes féminines* des articles et des noms suivants.

1. un grand-père _____ _____
2. un petit-fils _____ _____
3. un frère _____ _____
4. un jumeau _____ _____
5. un chanteur _____ _____
6. un conducteur _____ _____
7. un coureur _____ _____
8. un mécanicien _____ _____
9. un Français _____ _____
10. un Américain _____ _____

C. *Le pluriel*. Ecrivez *les formes plurielles* des articles et des noms suivants.

1. une grand-mère _____ _____
2. la triplette _____ _____
3. un jumeau _____ _____
4. le mafieux _____ _____
5. un bateau _____ _____
6. le pneu _____ _____
7. une photo _____ _____
8. le journal _____ _____
9. un festival _____ _____
10. un gratte-ciel _____ _____

Les couleurs

A. *Portraits*. Choisissez *les couleurs* qui conviennent. Attention à l'accord !

1. Champion a les yeux _____ (marron / vert) et les cheveux _____ (blond / brun).

2. Pendant les années 1940, Madame Souza a les yeux _____ (bleu / noir) et les cheveux _____ (brun / gris). Pendant les années 1950, elle a les cheveux _____ (brun / gris).

3. Pendant les années 1930, les Triplettes ont les cheveux _____ (roux / gris), les cheveux _____ (noir / blond) et les cheveux _____ (brun / orange). Pendant les années 1950, elles ont les cheveux _____ (blanc / noir).

4. Le chef mafieux a les yeux _____ (bleu / noir), les cheveux _____ (blond / noir), une moustache _____ (noir / gris) et le nez _____ (rouge / jaune).

5. Les jumeaux mafieux portent des lunettes de soleil _____ (rouge / noir) et des vêtements _____ (noir / gris).

B. *Décors*. Choisissez *les couleurs* qui conviennent. Attention à l'accord !

1. Paris a souvent un ciel _____ (gris / blanc) et des nuages _____ (gris / rose).

2. Marseille a souvent un ciel _____ (gris / bleu), un soleil _____ (bleu / jaune) et des nuages _____ (blanc / gris).

3. Madame Souza traverse l'océan _____ (bleu et noir / violet et blanc). Le ciel est _____ (noir / jaune) et les nuages sont _____ (gris et noir / blanc et noir).

4. Belleville a une grosse statue de la liberté _____ (rose / vert). La ville est polluée. Les gratte-ciel sont _____ (gris et noir / bleu et vert). L'océan est _____ (bleu / jaune) et le ciel est _____ (bleu et gris / rose et jaune).

5. Le cabaret où les Triplettes chantent a des tables _____ (blanc / violet) et des chaises _____ (blanc / rouge).

Cinéphile — Les Triplettes de Belleville

Les nombres

A. Quel âge ? Ecrivez les âges possibles des personnages du film *en lettres*.

1. Champion au début du film : 9 ans
2. Champion à la fin du film : 21 ans
3. Mme Souza au début du film : 59 ans
4. Mme Souza à la fin du film : 71 ans
5. Bruno au début du film : 1 an
6. Bruno à la fin du film : 13 ans
7. Les Triplettes au début du film : 35 ans
8. Les Triplettes à la fin du film : 60 ans
9. Le chef mafieux à la fin du film : 49 ans
10. Le mécanicien à la fin du film : 33 ans

B. Chiffres. Ecrivez *les nombres* en lettres.

1. La superficie des Etats-Unis : 9.158.960 km^2
2. La population des Etats-Unis : 295.358.163
3. Les états aux Etats-Unis : 50
4. La population de New York : 8.085.742
5. La superficie de la France : 551.000 km^2
6. La population de la France : 61.400.00
7. Les régions en France : 22
8. Les départements en France : 96
9. La population de Paris : 9.800.000
10. La distance entre Paris et New York : 5.851 km

11. La distance du Tour de France :   **entre 3.000 et 4.000 km**

_____

12. Les coureurs du Tour de France :   **environ 200**

_____

C. *Dates de naissance.* Ecrivez *les dates* suivantes en lettres.

1. Jacques Anquetil :   08/01/1934   _____
2. Fred Astaire: 10/05/1899   _____
3. Joséphine Baker: 03/06/1906   _____
4. Charlie Chaplin: 16/04/1889   _____
5. Sylvain Chomet: 10/11/1963   _____
6. Glenn Gould: 25/09/1932   _____
7. Yvette Horner :   22/09/1922   _____
8. Django Reinhardt :   23/01/1910   _____
9. Jacques Tati :   09/10/1908   _____
10. Charles Trénet :   18/05/1913   _____

Les verbes en -er

A. Verbes. Choisissez *les verbes en -er* qui conviennent et conjuguez-les selon le contexte.

| *aider* | *exploiter* | *jouer* | *manger* | *rencontrer* | *traverser* |
| *chercher* | *habiter* | *kidnapper* | *regarder* | *rentrer* | *trouver* |

1. Madame Souza et Champion _____ dans une grande ville de France.
2. Madame Souza et Champion _____ les Triplettes de Belleville à la télé.
3. Madame Souza _____ Champion à se préparer pour le Tour de France.
4. Les jumeaux mafieux _____ Champion.
5. Madame Souza _____ l'océan pour chercher Champion.
6. Les Triplettes _____ Madame Souza. Elles _____ Champion.
7. Chez les Triplettes, on _____ des grenouilles.
8. Les Triplettes _____ des instruments bizarres.
9. La Mafia française _____ Champion et les autres coureurs du Tour de France.
10. A la fin du film, on _____ Champion. Madame Souza et Champion _____ en France.

Jeux

A. Mots croisés. Utilisez *le vocabulaire du film* pour compléter les mots croisés.

Les Triplettes de Belleville

Cinéphile

Verticalement

1. L'article indéfini, féminin et singulier.
2. La grande course de vélo en France.
3. Champion fait une collection de coupures de presse dans _____ de photos.
4. Un véhicule pour transporter des gens.
5. Un groupe de trois personnes.
6. Un gros véhicule pour transporter des choses.
7. Une personne qui participe à une course.
9. La grande tour à Paris.
10. Un animal vert.
11. Les Triplettes jouent des instruments bizarres. _____ est surtout bizarre !
12. L'article défini, masculin et singulier.
13. L'article indéfini, masculin et singulier.
15. Un véhicule pour traverser l'océan.
17. Champion a les cheveux _____.
18. Dans une grande ville, il y a beaucoup de gratte-_____.
21. Le Mafieux a un frère _____.
24. L'article indéfini, masculin ou féminin pluriel.

Horizontalement

1. Madame Souza loue _____ pour traverser l'océan.
3. Une personne qui gagne le Tour de France.
8. Une personne qui répare des machines.
10. Il y en a des blancs, des verts, des jaunes, etc.
13. Une femme qui chante.
14. Un groupe de beaucoup de personnes.
16. Monter une montagne.
19. Madame Souza achète _____ pour Champion.
20. La couleur de l'amour.
22. L'article défini, masculin ou féminin pluriel.
23. Paris est _____.

B. *Scènes !* Regardez les scènes suivantes. Inventez un dialogue entre les personnages. Narrez les scènes avec vos partenaires.

« Cadeau ! »
7 minutes 43 secondes

Personnages
Madame Souza, Champion, Bruno

« Kidnappé ! »
27 minutes 30 secondes

Personnages
Le Mafieux, Champion

« Rencontres »
39 minutes 40 secondes

Personnages
Madame Souza, Bruno, Les Triplettes

Mise en pratique

A. *En général*. Répondez aux questions suivantes. Ecrivez deux ou trois phrases.

1. Quand et où se passe le film ?

2. Décrivez Paris. Comment est-ce que la ville change au cours du film ? Quelles couleurs est-ce que Chomet utilise pour les scènes de Paris ?

3. Décrivez la maison de Champion et de Madame Souza. Quelles couleurs est-ce que Chomet utilise pour les scènes dans la maison ?

4. Au début du film, Madame Souza et Champion regardent la télé. Qu'est-ce qu'ils regardent ? Est-ce que cette scène est importante ?

5. Madame Souza donne trois cadeaux à Champion. Quels cadeaux est-ce qu'elle lui donne et pourquoi est-ce qu'elle lui donne ces cadeaux ?

6. Comment est-ce que Champion se prépare pour le Tour de France ?

7. Décrivez les relations entre Madame Souza et Champion. Est-ce qu'ils s'aiment ? Expliquez.

8. Pourquoi est-ce que la Mafia française kidnappe les coureurs du Tour de France ?

9. Quelle est la réaction de Madame Souza quand elle découvre que Champion est victime des kidnappeurs ?

10. Décrivez Belleville. Où se trouve Belleville ? Quelles couleurs est-ce que Chomet utilise pour les scènes de Belleville ?

11. Comment est-ce que Madame Souza rencontre les Triplettes de Belleville ?

12. Comment est le dîner chez les Triplettes ?

13. Décrivez la musique des Triplettes pendant les années 1950.

14. Décrivez la scène où les cyclistes, les Triplettes, Madame Souza et Bruno échappent à la Mafia française.

15. Décrivez la dernière scène du film. Comment est-ce qu'elle ressemble à la première scène du film ?

Communication

A. Rencontres. Madame Souza joue de la musique dans la rue. Les Triplettes arrivent et rencontrent Madame Souza. Imaginez la conversation entre les Triplettes et Madame Souza et entre les Triplettes et Bruno. Utilisez *les pronoms sujets appropriés et les salutations*. *39 minutes, 40 secondes*

B. Personnages. Qui sont les personnages du film ? Faites une liste des personnages du film et de leur profession. Votre partenaire vous donne la forme opposée des personnages et de leur profession.

Exemple :   Etudiant 1 : *Les Triplettes : Elles sont chanteuses.*
              Etudiant 2 : *Forme opposée : Ils sont chanteurs.*

C. Voyage ! Madame Souza quitte Paris pour Belleville. Belleville n'est pas Paris ! Complétez le tableau avec *les chiffres* du cahier et inventez *les chiffres* pour Belleville avec votre partenaire. Comparez vos tableaux avec vos camarades de classe.

Paris et la France
Population (la France):
Superficie (la France):
Régions en France:
Départements en France:
Population (Paris):
Date de la Fête nationale:

Belleville et les Etats-Unis
Population (les Etats-Unis):
Superficie (les Etats-Unis):
Etats (les Etats-Unis):
Population (Belleville):
Date de la Fête nationale:

D. Emotions. Discutez des couleurs du film avec votre partenaire. Quelles émotions sont évoquées par *les couleurs* utilisées dans le film ? Présentez vos résultats à vos camarades de classe.

E. Au cinéma ! Vous et votre partenaire êtes animateurs de l'émission *Au Cinéma* sur *France 2*. Vous présentez le film *Les Triplettes de Belleville*. Ecrivez un sommaire du film et discutez du film avec votre partenaire. Utilisez *les verbes en -er*. Présentez votre émission de télé à vos camarades de classe.

F. *Pour ou contre ?* Est-ce que vous aimez le film ? Complétez le tableau suivant et présentez vos opinions à vos camarades de classe.

Les Triplettes de Belleville un film de Sylvain Chomet			
L'intrigue	☐ très bien	☐ moyen	☐ sans intérêt particulier
Les personnages	☐ très bien	☐ moyen	☐ sans intérêt particulier
Le décor/les couleurs	☐ très bien	☐ moyen	☐ sans intérêt particulier
Les musique	☐ très bien	☐ moyen	☐ sans intérêt particulier
Le film en général	☐ très bien	☐ moyen	☐ sans intérêt particulier

Photos

Photo N°1

Photo N°2

A. Détails. Regardez la photo et cochez les bonnes réponses.

Photo N°1	Photo N°2
Epoque	
☐ les années 1930	☐ les années 1930
☐ les années 1940	☐ les années 1940
☐ les années 1950	☐ les années 1950
☐ autre _____	☐ autre _____
Lieu	
☐ un théâtre	☐ un théâtre
☐ la rue	☐ la rue
☐ une maison	☐ une maison
☐ autre _____	☐ autre _____
Personnages	
☐ les Jumeaux	☐ les Jumeaux
☐ Madame Souza	☐ Madame Souza
☐ Champion	☐ Champion
☐ autre _____	☐ autre _____
Ages	
☐ entre 35 et 45 ans	☐ entre 35 et 45 ans
☐ entre 45 et 55 ans	☐ entre 45 et 55 ans
☐ entre 55 et 65 ans	☐ entre 55 et 65 ans
☐ autre _____	☐ autre _____

Les Triplettes de Belleville — Cinéphile

B. *Complétez.* Utilisez *le vocabulaire* suivant pour compléter les phrases.

chanteuses	*jeunes*	*jolies*	*laides*	*Madame Souza*	*pauvres*
riches	*la rue*	*trois*	*un grand public*	*un théâtre*	*vieilles*

1. Sur la 1ère photo, il y a _____ personnages. Il y a aussi _____ personnages sur la 2e photo.

2. Sur les deux photos, les femmes sont _____.

3. Sur la 1ère photo, les femmes chantent dans _____.

4. Sur la 2e photo, les femmes chantent dans _____.

5. Sur la 1ère photo, les femmes chantent pour _____.

6. Sur la 2e photo, les femmes chantent avec _____.

7. Sur la 1ère photo, les femmes sont _____ et _____.

8. Sur la 2e photo, les femmes sont _____ et _____.

9. Sur la 1ère photo, les femmes sont assez _____ et très connues.

10. Sur la 2e photo, les femmes sont assez _____ et moins connues.

C. *En général.* Répondez aux questions suivantes. Ecrivez deux ou trois phrases.

1. Donnez un titre à la première photo. Justifiez votre réponse.

   _____
   _____
   _____

2. Donnez un titre à la deuxième photo. Justifiez votre réponse.

   _____
   _____
   _____

3. Quelles différences est-ce que vous remarquez entre les deux photos ? Pourquoi ?

   _____
   _____
   _____

Photo N°3

Photo N°4

A. Détails. Regardez la photo et cochez les bonnes réponses.

Photo N°3	Photo N°4
Epoque	
☐ les années 1930	☐ les années 1930
☐ les années 1940	☐ les années 1940
☐ les années 1950	☐ les années 1950
☐ autre _____	☐ autre _____
Lieu	
☐ un théâtre	☐ un théâtre
☐ la rue	☐ la rue
☐ une maison	☐ une maison
☐ autre _____	☐ autre _____
Personnages	
☐ Bruno	☐ Bruno
☐ Madame Souza	☐ Madame Souza
☐ Champion	☐ Champion
☐ le Mafieux	☐ le Mafieux
Ages	
☐ entre 5 et 10 ans	☐ entre 5 et 10 ans
☐ entre 10 et 20 ans	☐ entre 10 et 20 ans
☐ entre 20 et 30 ans	☐ entre 20 et 30 ans
☐ autre _____	☐ autre _____

Les Triplettes de Belleville   Cinéphile

B. Complétez. Utilisez *le vocabulaire* suivant pour compléter les phrases.

un cadeau	*un camion*	*une casquette*	*le chien*	*cycliste*
la grand-mère	*une grande ville*	*kidnappe*	*mafieux*	*un maillot*
la maison	*noirs*	*noires*	*le petit-fils*	*un tricycle*

1. Le garçon habite dans une maison dans _____. Le garçon est _____ de Madame Souza. Madame Souza est _____ du garçon. Il y a aussi _____ Bruno.

2. Sur la 1ère photo, le garçon entre dans _____ et regarde _____ (c'est _____ de Madame Souza).

3. Sur la 2e photo, le garçon est _____. L'homme est _____.

4. Sur la 2e photo, le garçon porte _____ rouge et _____ rouge. L'homme porte des vêtements _____ et des lunettes de soleil _____.

5. Sur la 2e photo, le garçon monte dans _____. L'homme _____ le garçon.

C. En général. Répondez aux questions suivantes. Ecrivez deux ou trois phrases.

1. Faites une description de la première photo. Qu'est-ce qui se passe ?

   _____
   _____
   _____

2. Faites une description de la deuxième photo. Qu'est-ce qui se passe ?

   _____
   _____
   _____

3. Donnez un titre aux deux photos. Justifiez votre choix.

   _____
   _____
   _____

Lecture

 ## Le Tour de France

Le Premier Tour de France

Le créateur :	Henri Desgrange et Georges Lefèvre
La date :	le 1er juillet 1903
Le départ :	Villeneuve-Saint-Georges
L'arrivée :	Paris
La distance :	2.428 km
Les étapes :	6 étapes
La durée :	20 jours
Le nombre de coureurs :	60 coureurs
Le gagnant :	Maurice Garin

Le Tour de France contemporain

La date :	au mois de juillet
Le départ :	varie
L'arrivée :	Paris
La distance :	entre 3.000 et 4.000 km
Les étapes :	20 étapes
La durée :	3 semaines
Le nombre de coureurs :	entre 150 et 200 coureurs

Course et étapes

La distance du Tour de France est d'environ 3.500 km. La course qui change chaque année consiste en vingt étapes (des étapes de plaines et des étapes de montagne). Les coureurs font partie des équipes qui bénéficent du soutien financier des entreprises (US Postal, T-Mobile, Crédit Agricole, etc.). Le Tour de France dure trois semaines et se termine à Paris où une grande foule les accueille sur l'avenue des Champs-Élysées.

Difficultés

Le temps (pluie, chaleur, etc.)	La santé (physique et mentale)
La course (distance, montagnes, sprints, etc.)	La fatigue, la soif et la faim
	La concurrence, les foules

Maillots

jaune :	le leader du temps total
vert :	le leader des points totaux
blanc à pois rouges :	le leader des montées (le meilleur grimpeur)
blanc :	le leader des jeunes (moins de 26 ans)

Gagnants

6 fois : Lance Armstrong (1999, 2000, 2001, 2002, 2003, 2004)
5 fois : Jacques Anquetil (1957, 1961, 1962, 1963, 1964)
Eddie Mercks (1969, 1970, 1971, 1972, 1974)
Bernard Hinault (1978, 1979, 1981, 1982, 1985)
Miguel Indurain (1991, 1992, 1993, 1994, 1995)

Vélovacances Tour de France
Courez avec les coureurs!
20 étapes, 20 jours, 200 coureurs
à partir de 1.500 euros
www.vélovacances.com
01.46.43.34.35

Anecdotes

Le premier Tour de France était une campagne de publicité créée par Georges Lefèvre et l'éditeur du journal L'Auto (le journal L'Equipe), Henri Desgrange.

Le Tour de France a été annulé en temps de guerre (1915 – 1918 et 1940 – 1945).

Les Triplettes de Belleville

A. *Vrai ou Faux ?* Déterminez si les phrases sont vraies ou fausses.

1. vrai   faux   Le Tour de France se passe au mois d'août.
2. vrai   faux   Le Tour de France dure trois semaines.
3. vrai   faux   Le gagnant du premier Tour de France était Jacques Anquetil.
4. vrai   faux   La course et les étapes ne changent pas.
5. vrai   faux   Les coureurs arrivent à Paris à la fin de la course.

B. *Quel maillot ?* Ecrivez le maillot qui correspond aux descriptions suivantes.

1. Le coureur a 20 ans. C'est le leader.   le maillot _____
2. Le coureur a le meilleur temps de toutes les étapes.   le maillot _____
3. Le coureur gagne le plus de points.   le maillot _____
4. Le coureur a 33 ans et il grimpe très vite !   le maillot _____

C. *En général.* Répondez aux questions suivantes. Ecrivez deux ou trois phrases.

1. Quelle est l'origine du Tour ?
   _____
   _____

2. Quelles sont les difficultés du Tour de France ?
   _____
   _____

3. Quels cyclistes ont gagné cinq Tours de France ? En quelles années ? Quel cycliste a gagné six Tours de France ? En quelles années ?
   _____
   _____

4. Pourquoi est-ce que les années 1915 – 1918 et 1940 – 1945 sont importantes ?
   _____
   _____

5. Regardez la publicité et complétez les rubriques suivantes.

   Qui : _____
   Quoi : _____
   Quand : _____
   Combien : _____

Volet 4
Culture

Compréhension générale

A. Clichés des années 1950. Lisez les phrases suivantes et déterminez si les phrases sont *possibles, probables, peu probables* ou *impossibles* dans les années 1950.

Profil d'un jeune français des années 1950

Choisissez votre réponse...

Est-il...				quel/qu'... ?
1. possible	probable	peu probable	impossible	Il habite à la campagne.
2. possible	probable	peu probable	impossible	Il conduit une Hummer.
3. possible	probable	peu probable	impossible	Il a une mère et un père.
4. possible	probable	peu probable	impossible	Sa mère est banquière.
5. possible	probable	peu probable	impossible	Il mange chez MacDonald's.
6. possible	probable	peu probable	impossible	Il écoute du rap.
7. possible	probable	peu probable	impossible	Il aime la musique d'Elvis.
8. possible	probable	peu probable	impossible	Il écoute de la musique des Beatles.
9. possible	probable	peu probable	impossible	Il a un baladeur MP3.
10. possible	probable	peu probable	impossible	Il va rarement au cinéma.
11. possible	probable	peu probable	impossible	Il regarde des films en 3D.
12. possible	probable	peu probable	impossible	Son actrice préférée est Marilyn Monroe.
13. possible	probable	peu probable	impossible	Son acteur préféré est Gérard Depardieu.
14. possible	probable	peu probable	impossible	Il regarde souvent la télé.
15. possible	probable	peu probable	impossible	Il regarde la télé en couleur.
16. possible	probable	peu probable	impossible	Il admire Lance Armstrong.
17. possible	probable	peu probable	impossible	Il regarde le Tour de France à la télé.
18. possible	probable	peu probable	impossible	Il joue à des jeux vidéos.
19. possible	probable	peu probable	impossible	Il parle au téléphone avec ses copains.
20. possible	probable	peu probable	impossible	Il a un téléphone portable.

B. *Sont-ils comme ça ?* Cochez les clichés présentés dans le film.

1. Clichés sur les Français :
   - ☐ Ils ont les cheveux bruns ou noirs, les yeux marron et un grand nez.
   - ☐ Ils mangent de la baguette, du fromage et des escargots.

2. Clichés sur les Américains :
   - ☐ Ils mangent des hamburgers et ils sont obèses.
   - ☐ Ils sont riches et beaux (minces, avec les yeux bleus et les cheveux blonds).

3. Clichés sur les grands-mères :
   - ☐ Elles donnent des bonbons et des gâteaux à leurs petits-enfants.
   - ☐ Elles sont rondes et petites et adorent leurs petits-enfants.

4. Clichés sur les garçons :
   - ☐ Ils n'aiment pas jouer avec les filles.
   - ☐ Ils aiment les chiens, les trains et les vélos.

5. Clichés sur les chiens :
   - ☐ Ils chassent les chats.
   - ☐ Ils passent leur journée à aboyer, à manger et à rêver.

6. Clichés sur les cyclistes :
   - ☐ Ils sont minces parce qu'ils passent leur journée à faire du vélo.
   - ☐ Ils mangent uniquement des spaghettis.

7. Clichés sur les chanteuses :
   - ☐ Elles ne sont pas musiciennes parce qu'elles ne jouent pas d'instrument.
   - ☐ Elles sont belles avec de beaux cheveux, de grandes dents blanches et de beaux vêtements.

8. Clichés sur les chefs mafieux :
   - ☐ Les gens se plient en deux pour eux.
   - ☐ Ils cassent les jambes des autres.

9. Clichés sur les soldats mafieux :
   - ☐ Ils portent un costume et des lunettes de soleil noires et ils fument beaucoup.
   - ☐ Ils sont grands et forts mais stupides.

10. Clichés sur les grandes villes :
    - ☐ Les gens sont impolis et violents.
    - ☐ Il y a beaucoup de monde, de bâtiments, de voitures, de pollution et de bruit.

C. **Clichés.** Lisez les phrases suivantes et choisissez vos réponses selon le contexte.

1. On aime les clichés.	jamais	quelquefois	souvent	toujours
2. Les clichés sont méchants.	jamais	quelquefois	souvent	toujours
3. Les clichés sont basés sur la réalité.	jamais	quelquefois	souvent	toujours
4. Les clichés sont basés sur l'ignorance.	jamais	quelquefois	souvent	toujours
5. Les clichés sont fondés sur les différences.	jamais	quelquefois	souvent	toujours
6. Les clichés sont fondés sur la peur.	jamais	quelquefois	souvent	toujours
7. Les clichés provoquent des problèmes.	jamais	quelquefois	souvent	toujours
8. Les clichés blessent les autres.	jamais	quelquefois	souvent	toujours
9. Les clichés influencent nos opinions des autres.	jamais	quelquefois	souvent	toujours
10. Les clichés aident à comprendre les autres.	jamais	quelquefois	souvent	toujours

Mise en pratique

A. *En général.* Répondez aux questions suivantes. Ecrivez deux ou trois phrases.

1. Faites une liste de clichés sur les Français.

   _____
   _____
   _____

2. Faites une liste de clichés sur les Américains.

   _____
   _____
   _____

3. Est-ce que les clichés du film sont méchants ? Justifiez votre réponse.

   _____
   _____
   _____

Recherches

Faites des recherches sur les sujets suivants.

A. *Tour de France !* Etudiez le Tour de France. Complétez les rubriques suivantes.

- Date du premier Tour de France
- Créateur du Tour de France & raison de la création du Tour de France
- Ville-départ/ville-d'arrivée, courses & étapes
- Maillots & classements
- Equipes & coureurs célèbres
- Spectateurs & diffusion du Tour de France
- Anecdotes & scandales

    www.letour.fr
    www.sports.fr/fr/cyclisme/tour/
    http://letour.francetv.fr/
    http://fr.sports.yahoo.com/cy/tdf/
    http://eurosport.tf1.fr/

B. *Les années 1940 et 1950.* Le film se passe juste après la Seconde Guerre mondiale. Etudiez la France de cette époque. Complétez les rubriques suivantes.

- Technologie : radio, télévision, cinéma
- Vie : loisirs, travail
- Famille : couple, enfants
- Grands faits historiques

    http://fr.wikipedia.org/wiki/Accueil
    http://www.france.diplomatie.fr/france/ouvragefrance/
    http://www.loc.gov/exhibits/bnf/bnf0001.html

C. *Stars d'autrefois.* Choisissez deux stars du film et complétez les rubriques suivantes.

Jacques Anquetil   *Joséphine Baker*   *Glenn Gould*   *Django Reinhardt*
Fred Astaire   *Charlie Chaplin*   *Yvette Horner*   *Jacques Tati*

- Nom, Prénom
- Date de naissance (jj/mm/aa)
- Nationalité
- Lieu de naissance
- Lieu de résidence
- Situation de famille
- Carrière
    www.frenchculture.org
    www.google.fr
    www.msn.fr
    www.yahoo.fr
    www.imdb.com

D. *Dessins animés.* Etudiez l'histoire des dessins animés. Complétez les rubriques suivantes.

- Origine
- Premiers dessins animés
- Evolution des dessins animés
- Stars d'autrefois et stars d'aujourd'hui
- Artistes des premiers dessins animés
- Artistes contemporains des dessins animés
- Publics

http://www.frenchculture.org/cinema/index.html
http://www.annecy.org/home/?Page_ID=1
http://en.wikipedia.org/wiki/Animated_film

E. *Sylvain Chomet.* Préparez une fiche d'identité sur Sylvain Chomet et sur ses dessins animés.

- Biographie
- Filmographie
- Présentation de films récents de Chomet

www.allocine.com   www.ifrance.com/icine/
www.biosstars.com   www.imdb.com
www.canalstars.com   www.monsieurcinema.com
www.cinemovie.fr   www.worldcinemag.com
www.ecrannoir.fr   www.yahoo.fr

Cinéphile   Les Triplettes de Belleville

Fiche d'identité

Biographie

Nom :
Prénom :
Nationalité :
Date de naissance :
Lieu de naissance :
Situation de famille :
Lieu de résidence :

Filmographie

César

Présentation des documentaires

Lexique : français/anglais

Vocabulaire du cinéma

Les genres de films

un film	*a movie*	un drame	*a drama*
une comédie	*a comedy*	un film d'action	*an action film*
une comédie romantique	*a romantic comedy*	un film d'aventures	*an adventure film*
un documentaire	*a documentary*	un western	*a Western*

Les gens du cinéma

un/e acteur/trice	*an actor/an actress*	un/e réalisateur/trice	*a director*
un héros/une héroïne	*a hero/ a heroine*	un rôle	*a role*
un metteur en scène	*a director*	un rôle principal	*a starring role*
un personnage	*a character*	un/une scénariste	*a screenwriter*
un personnage principal	*a main character*	un/e spectateur/trice	*a viewer*
un personnage secondaire	*a supporting character*	une vedette	*a star (m/f)*

Pour parler des films

les accessoires (m)	*props*	le film à succès	*box office hit*
la bande sonore	*sound track*	l'intrigue (f)	*plot*
le bruitage	*sound effects*	le montage	*the editing*
la caméra	*camera*	la musique de film	*the music score*
la cassette vidéo	*video*	le scénario	*screenplay*
le costume	*costume*	la scène	*scene*
le décor	*background*	le son	*sound*
le DVD	*DVD*	les sous-titres (m)	*subtitles*
l'échec (m)	*flop, failure*	tourner un film	*to shoot a film*
les effets spéciaux (m)	*special effects*	produire un film	*to produce a film*

Pour écrire

J'admire...	*I admire...*	d'ailleurs	*in any case*
J'aime... / je n'aime pas...	*I like.../ I don't like...*	enfin	*finally*
J'apprécie...	*I appreciate, enjoy...*	ensuite	*then, next*
Je déteste...	*I hate...*	en tout cas	*in any case*
Je préfère...	*I prefer...*	finalement	*finally*
Je pense que...	*I think that...*	franchement	*frankly*
à la fin	*at the end*	mal	*poorly, badly*
à mon avis	*in my opinion*	pendant que	*while*
afin de	*in order to*	peu	*little*
après	*after*	premièrement	*firstly*
alors	*so*	quelquefois	*sometimes*
au début	*in the beginning*	souvent	*often*
beaucoup	*a lot*	toujours	*always*
bien	*well*	trop	*too much*
d'abord	*first*	vraiment	*really*

Cinéphile — Les Triplettes de Belleville

Vocabulaire du film

Les salutations

à bientôt	see you soon	Comment allez-vous ?	How are you? formal
à demain	see you tomorrow	Comment vas-tu ?	How are you? informal
à tout à l'heure	see you later	Je vais bien/mal.	I am doing well/poorly.
au revoir	good-bye	Comment vous appelez-vous?	What is your name ? formal
bonjour	hello		
bonsoir	good evening	Comment t'appelles-tu?	What is your name? informal
salut	hello/good-bye informal	Je m'appelle…	My name is…
Ça va?	How are you? informal	Je te présente…	I present… informal
Ça va.	I am fine.	Je vous présente…	I present… formal
		Enchanté/e	Pleased to meet you.

Les couleurs

blanc/blanche	white	orange	orange
bleu/e	blue	rouge	red
brun/e / marron	brown	roux/rousse	red (hair)
gris/e	gray	vert/e	green
jaune	yellow	violet/violette	purple
noir/e	black		

Les gens et les animaux

l'accordéoniste (m/f)	accordionist	le/la guitariste	guitarist
l'ami/e	friend	le/la jumeau/elle	twin
le/la chanteur/euse	singer	les jumeaux mafieux	Mafia twins
le chef mafieux	Mafia boss	le kidnappeur	kidnapper
le chien	dog	la Mafia	Mafia
le/la conducteur/trice	driver	le mafieux	Mafioso
le/la coureur/euse	racer	le mécanicien	mechanic
le/la cycliste	cyclist	les petits-enfants	grandchildren
la foule	crowd	la petite-fille	granddaughter
le frère	brother	le petit-fils	grandson
le/la gagnant/e	winner	le/la pianiste	pianist
la grand-mère	grandmother	le public	audience
le grand-père	grandfather	la soeur	sister
la grenouille	frog	la triplette	trio, triplet

Les transports

le bateau	boat	le Tour de France	Tour of France (bicycle race)
le camion	truck	le train	train
la course	race	le tricycle	tricycle
l'étape (f)	stage	le vélo	bicycle
le pédalo	paddle boat	la voiture	car
le pneu	tire		

Les endroits

l'appartement	*apartment*	la maison	*house, home*
le cabaret	*night-club*	la montagne	*mountain*
la grande ville	*big city*	le théâtre	*theater*
le gratte-ciel	*skyscraper*	la Tour Eiffel	*Eiffel Tower*
la maison de jeu	*gambling hall*	la ville	*city*

Vêtements

un chapeau	*hat*	une jupe	*skirt*
une casquette	*cap*	des lunettes de soleil	*sunglasses*
un costume	*suit*	un maillot	*jersey*
un gilet	*vest, cardigan*	un pull	*sweater*

Noms divers

un album	*album*	une coupure de presse	*newspaper clipping*
un anniversaire	*birthday*	un journal	*newspaper*
un aspirateur	*vacuum cleaner*	une photo	*photograph*
un cadeau	*present*	un réfrigérateur	*refrigerator*
une chanson	*song*	une télévision	*television*

Emotions

l'amour (m)	*love*	la fatigue	*fatigue*
le bonheur	*happiness*	l'inquiétude (f)	*worry, concern*
la colère	*anger*	la joie	*joy*
la confusion	*confusion*	la peur	*fear*
la douleur	*pain*	la tristesse	*sadness*

Adjectifs

content/e	*content, happy*	musclé/e	*muscular*
fidèle	*faithful*	petit/e	*short*
foncé/e	*dark (color)*	réservé/e	*reserved*
grand/e	*tall*	rond/e	*round*
jeune	*young*	silencieux/euse	*quiet*
joli/e	*pretty*	solitaire	*lonely*
laid/e	*ugly*	sombre	*somber, dark*
mélancolique	*melancoly*	triste	*sad*
mince	*thin*	vieux/vieille	*old*

Verbes

aboyer	*to bark*	monter	*to climb, to go up*
aider	*to help*	participer à	*to participate in*
chanter	*to sing*	regarder	*to watch*
chasser	*to chase*	rencontrer	*to meet*
chercher	*to look for*	ressembler à	*to resemble, to look like*
donner	*to give*	rêver	*to dream*
grimper	*to climb*	s'aimer	*to like, to love each other*
jouer	*to play*	se préparer	*to prepare oneself*
kidnapper	*to kidnap*	traverser	*to cross*
libérer	*to free*	trouver	*to find*
manger	*to eat*	voyager	*to travel*

Lexique : anglais/français

Vocabulaire du cinéma

Les genres de films

action film	un film d'action	drama	un drame
adventure film	un film d'aventures	movie	un film
comedy	une comédie	romantic comedy	une comédie romantique
documentary	un documentaire	Western	un western

Les gens du cinéma

actor/ actress	un/e acteur/trice	role	un rôle
character	un personnage	screenwriter	un/une scénariste
director	un metteur en scène	star (m/f)	une vedette
director	un/e réalisateur/trice	starring role	un rôle principal
hero/heroine	un héros/une héroïne	supporting character	un personnage secondaire
main character	un personnage principal	viewer	un spectateur

Pour parler des films

background	le décor	sound	le son
box office hit	le film à succès	sound effects	le bruitage
camera	la caméra	sound track	la bande sonore
costume	le costume	special effects	les effets spéciaux (m)
DVD	le DVD	subtitles	les sous-titres (m)
flop, failure	l'échec (m)	the editing	le montage
plot	l'intrigue (f)	the music score	la musique de film
props	les accessoires (m)	to produce a film	produire un film
scene	la scène	to shoot a film	tourner un film
screenplay	le scénario	video	la cassette vidéo

Pour écrire

a lot	beaucoup	in any case	d'ailleurs
after	après	in my opinion	à mon avis
always	toujours	in order to	afin de
at the end	à la fin	in the beginning	au début
finally	enfin	little	peu
finally	finalement	often	souvent
first	d'abord	poorly, badly	mal
firstly	premièrement	really	vraiment
frankly	franchement	so	alors
I admire...	J'admire...	sometimes	quelquefois
I appreciate, enjoy	J'apprécie...	then	puis
I hate...	Je déteste...	then, next	ensuite
I like.../ I don't like...	J'aime.../je n'aime pas...	too much	trop
I prefer...	Je préfère...	very	très
I think that...	Je pense que...	well	bien
in any case	en tout cas	while	pendant que

Cinéphile — Les Triplettes de Belleville

Vocabulaire du film

Les salutations

good evening	bonsoir	I present... *informal*	Je te présente...
good-bye	au revoir	My name is...	Je m'appelle...
hello	bonjour	Pleased to meet you.	Enchanté/e
hello/good-bye *informal*	salut	see you later	à plus tard
How are you? *informal*	Ça va?	see you later	à tout à l'heure
How are you? *informal*	Comment vas-tu ?	see you soon	à bientôt
How are you? *formal*	Comment allez-vous ?	see you tomorrow	à demain
I am doing well/poorly.	Je vais bien/mal.	What is your name ? *formal*	Comment vous appelez-vous?
I am fine.	Ça va.		
I present... *formal*	Je vous présente...	What is your name? *informal*	Comment t'appelles-tu?

Les couleurs

black	noir/e	purple	violet/violette
blue	bleu/e	red	rouge
brown	brun/e / marron	red (hair)	roux/rousse
gray	gris/e	white	blanc/blanche
green	vert/e	yellow	jaune
orange	orange		

Les gens et les animaux

accordionist	l'accordéoniste (m/f)	guitarist	le/la guitariste
audience	le public	kidnapper	le kidnappeur
brother	le frère	Mafia	la Mafia
crowd	la foule	Mafia boss	le chef mafieux
cyclist	le/la cycliste	Mafia twins	les jumeaux mafieux
dog	le chien	Mafioso	le mafieux
driver	le/la conducteur/trice	mechanic	le mécanicien
friend	l'ami/e	pianist	le/la pianiste
frog	la grenouille	racer	le/la coureur/euse
grandchildren	les petits-enfants	singer	le/la chanteur/euse
granddaughter	la petite-fille	sister	la soeur
grandfather	le grand-père	trio, triplet	la triplette
grandmother	la grand-mère	twin	le/la jumeau/elle
grandson	le petit-fils	winner	le/la gagnant/e

Les transports

bicycle	le vélo	subway	le métro
boat	le bateau	tire	le pneu
car	la voiture	Tour of France (bike race)	le Tour de France
flat tire	le pneu crevé	train	le train
paddle boat	le pédalo	tricycle	le tricycle
race	la course	truck	le camion
stage	l'étape (f)	wheel	la roue

Les endroits

apartment	l'appartement	mountain	la montagne
big city	la grande ville	night-club	le cabaret
city	la ville	sidewalk	le trottoir
country, countryside	la campagne	skyscraper	le gratte-ciel
Eiffel Tower	la Tour Eiffel	small town	le village
gambling hall	la maison de jeu	street	la rue
house, home	la maison	theater	le théâtre

Vêtements

cap	une casquette	suit	un costume
dress	une robe	sunglasses	des lunettes de soleil
gloves	des gants (m)	sweater	un pull
hat	un chapeau	tie	une cravate
jersey	un maillot	vest, cardigan	un gilet
skirt	une jupe		

Noms divers

advertisement	une publicité	photograph	une photo
album	un album	present	un cadeau
birthday	un anniversaire	refrigerator	un réfrigérateur
competition	une concurrence	song	une chanson
fireworks	des feux d'artifice	stairs	des escaliers
newspaper	un journal	television	une télévision
newspaper clipping	une coupure de presse	vacuum cleaner	un aspirateur

Emotions

agitation	l'agitation (f)	happiness	le bonheur
anger	la colère	imprisonment	l'emprisonnement (m)
anxiety	l'angoisse (f)	joy	la joie
boredom	l'ennui (m)	love	l'amour (m)
confusion	la confusion	pain	la douleur
discouragement	le découragement	sadness	la tristesse
fatigue	la fatigue	uncertainty	l'incertitude (f)
fear	la peur	worry, concern	l'inquiétude (f)

Adjectifs

caricatural	caricatural/e	pretty	joli/e
comfortable	aisé/e	quiet	silencieux/euse
content, happy	content/e	reserved	réservé/e
dark (color)	foncé/e	round	rond/e
devoid of	dépourvu/e de	sad	triste
faithful	fidèle	serious	sérieux/euse
fearless	intrépide	short	petit/e
lonely	solitaire	somber, dark	sombre
mean	méchant/e	tall	grand/e
melancoly	mélancolique	thin	mince
muscular	musclé/e	ugly	laid/e
old	vieux/vieille	unflabbable	imperturbable
overdevelopped	surdéveloppé/e	young	jeune

Cinéphile — Les Triplettes de Belleville

Verbes

to bark	aboyer	*to like, to love each other*	s'aimer
to bend over backwards	se plier en deux	*to look for*	chercher
to chase	chasser	*to massage*	faire des massages
to climb	grimper	*to meet*	rencontrer
to climb, to go up	monter	*to participate in*	participer à
to cross	traverser	*to play*	jouer
to dream	rêver	*to prepare oneself*	se préparer
to eat	manger	*to resemble, to look like*	ressembler à
to exploit	exploiter	*to return*	rentrer
to find	trouver	*to sing*	chanter
to free	libérer	*to train*	entraîner
to give	donner	*to travel*	voyager
to help	aider	*to watch*	regarder
to kidnap	kidnapper	*to wear*	porter

Tableaux

Tableau 1, Les pronoms sujets 9

Tableau 2, Les terminaisons masculines et féminines 11

Tableau 3, Le masculin v. le féminin 11

Tableau 4, Le pluriel de certains noms 11

Tableau 5, Quelques exceptions au pluriel 11

Tableau 6, L'article défini 12

Tableau 7, L'article indéfini 12

Tableau 8, Les terminaisons des verbes en -er 16

Tableau 9, La conjugaison du verbe chanter 16

Crédits

Photographies

Couverture, Les Triplettes de Belleville ©Photofest
Page 36, Les Triplettes de Belleville ©Photofest
Page 36, Les Triplettes de Belleville ©Photofest
Page 38, Les Triplettes de Belleville ©Photofest
Page 38, Les Triplettes de Belleville ©Photofest